Max Feiger

Einander Engel sein

Inspirationen

schweige und höre

vielleicht geht dir
in der Mitte der Nacht ein Licht auf

vielleicht hörst du unverhofft
eine neue Botschaft

vielleicht ahnst du plötzlich
dass Friede auf Erden denkbar ist

vielleicht erfährst du schmerzhaft
dass du Altes zurücklassen musst

vielleicht spürst du
dass sich etwas verändern wird

vielleicht wirst du aufgefordert
aufzustehen und aufzubrechen

schweige und höre
sammle Kräfte und brich auf
damit du den Ort findest
wo neues Leben möglich ist

Die vorliegenden Texte greifen einige Episoden der altbekannten Weihnachtsgeschichte auf. Sie ist kein historischer Bericht, sondern eine Geschichte, in der wir uns selbst finden. Wir alle werden dann und wann von fremden Mächten gefordert. Immer wieder suchen wir Geborgenheit und erleben, dass Menschen bei uns anklopfen, weil sie in Not sind. Wir alle sind unterwegs, weil wir die Vision eines neuen Lebens haben, und viele haben Angst um ihre Macht, wenn Neues entsteht.
Was in Bethlehem geschehen ist, ist nicht so wichtig. Entscheidend ist, was wir mit dieser Botschaft machen, was hier und heute durch uns geschieht.
Der schlesische Arzt, Dichter und Mystiker Angelus Silesius (1624-1677) hat es einprägsam in einen Reim gefasst:

»Wird Christus tausendmal in Bethlehem geboren
Und nicht in dir, du bleibst doch ewiglich verloren.«

Jetzt und hier
einfach ganz Mensch sein
Jetzt und hier
einfach sein
ganz sein
Mensch sein
Ich merke
dass es gar nicht so einfach ist

Was bleibt mir anderes übrig
als es zu versuchen
jetzt und hier?

Etwas Neues entsteht

Immer wieder entsteht Neues – bei uns, bei unseren Mitmenschen und untereinander. Manches können wir initiieren und fördern, anderes geschieht ohne unser Zutun. Oft entsteht Neues, wenn wir es gar nicht erwarten, gar nicht wollen. Es verunsichert und beunruhigt. Hartnäckig halten wir an Bewährtem, Bestehendem fest. Neues annehmen fällt uns oft schwerer als in gewohnten Strukturen weiterzuleben. Wir finden viele Gründe, uns gegen Veränderungen zu wehren.

Wie gehen wir mit Ideen um, die Bestehendes in Frage stellen? Würgen wir sie ab, weil Veränderung anstrengend ist? Sind wir bereit für neue Ideen und neue Möglichkeiten, die andere einbringen? Unterstützen und fördern wir Mitmenschen, die Neues denken, Neues formulieren und kritisch argumentieren? Nehmen wir Impulse auf, denken wir sie weiter, verstärken wir Bemühungen unserer Mitmenschen?

Auch in uns selbst entsteht immer wieder Neues. Wenn wir uns Zeit für uns selbst nehmen, uns wahrnehmen, werden wir die feinen Ansätze spüren. Wir können uns an ihnen freuen, sie stärken und wachsen lassen. Wir erfahren aber immer wieder, dass es viel von uns fordert, dieses Neue anzunehmen und zu vertreten.

Nimm es an
das Neue in dir, das du
nicht gewollt
nicht gesucht
nicht geschaffen hast

Schütze es
vor den Ängstlichen
und den Zweifelnden
vor den Spöttern und Bequemen
vor den Alleswissern und Pedanten

Nimm es an
das Neue in dir
Trag Sorge
lass es wachsen
vertraue darauf
dass es zu dir gehört

Nimm es an
sag ja zu dir

Nimm wahr
was sich in dir verändert
was neu entsteht

Nimm an
was sich in dir verändert
was neu entsteht

Trag Sorge zu dir
zu dem, was sich verändert
zu dem, was neu entsteht

Lass dir Zeit
nimm dir Raum
sage, was du brauchst

Lass wachsen
was in dir entsteht
setze alles daran, damit es wirkt:
Ängstliche ermutigt
Schwache stärkt
Kranke heilt

Die Pflicht ruft

»In jenen Tagen erließ der Kaiser Augustus den Befehl, alle Bewohner in Steuerlisten einzutragen.« (Lukas 2,1)

Der Kaiser befiehlt. Seine Untergebenen müssen dem Befehl entsprechen, sich aufmachen, die Pflicht erfüllen. Nicht alle trifft es auf gleiche Weise. Während einige sich unmittelbar nebenan eintragen lassen können, müssen Maria und Josef zu einem ungeeigneten Zeitpunkt, unter erschwerten Bedingungen aufbrechen und eine lange, beschwerliche Reise auf sich nehmen.

In unserer Zeit ist es im Grunde genauso. Zwar gibt es keinen Kaiser, der befiehlt, und wir müssen uns nicht in Steuerlisten eintragen lassen; dort stehen wir bereits. Wir haben moderne Kommunikationsmittel. Und doch: Immer wieder werden uns Aufgaben gestellt. Wir werden verpflichtet, das oder jenes zu tun. Vorgesetzte, Arbeitgeber und Gesetze verlangen von uns sehr viel. Oft zu einer Zeit, die uns gar nicht passt; in einer Situation, die uns ohnehin schon Mühe macht; in einer Art, die uns nicht entspricht; in einer Intensität, die uns beinahe überfordert. Viele von uns haben einen befehlenden Kaiser in sich. Er verlangt immer öfter immer mehr. Er ist nie zufrieden. Kaum haben wir etwas erreicht, stellt er neue Forderungen, unerbittlich, unnachgiebig, hart. Er hat von uns Besitz genommen, uns besetzt. Er hetzt uns vorwärts, lässt uns nie zufrieden sein, nicht ruhen. Wir leiden unter ihm, erleben immer wieder aufs Neue, wie er unser Leben beeinträchtigt. Wagen wir es, ihm zu widersprechen, ihn zu bekämpfen, für ein ruhiges, glückliches Leben einzustehen? Oder bleiben wir ihm ein Leben lang ausgeliefert?

Nicht zulassen
dass mich
Erfolge vorwärts hetzen
Verpflichtungen behindern
Gebote einengen
Aufgaben ersticken
Forderungen erdrücken

Wahrnehmen
was angelegt ist
behutsam pflegen
was in mir wächst
stark und bereit werden für das
was auf mich zukommt
mich ausrichten auf das
was letztlich wichtig ist

Wehre dich
wenn man von dir verlangt
dass du

dir mehr auflädst
als du tragen kannst

länger gehst
als du magst

mehr sagst
als dir entspricht

länger zuhörst
als dir gut tut

mehr gibst
als du hast

mehr hilfst
als dir möglich ist

Wehre dich
lasse dich nicht überfordern
fordere, was dir entspricht

Beschwerlich unterwegs

»So ging auch Josef von der Stadt Nazaret in Galiläa hinauf nach Judäa in die Stadt Davids, die Bethlehem heißt, um sich mit Maria, seiner Vermählten, die ein Kind erwartete, eintragen zu lassen.« (Lukas 2, 4f.)
Es braucht nicht viel Phantasie: Das kam den beiden sehr ungelegen. Jetzt, da Maria hochschwanger ist, müssen sie diese beschwerliche Reise machen. Wird die Kraft reichen? Und wenn die Stunde der Geburt kommt? Wo werden sie einen Platz finden?
Wir alle sind auf dem Weg. Es ist unsere Aufgabe, unseren Weg zu finden, unseren Weg zu gehen, auch wenn er steil und steinig ist. Oft müssen wir uns aufmachen, weitergehen, obwohl wir gar nicht wollen. Wir sind belastet mit Problemen, die wir nicht gelöst haben, vielleicht auch nicht lösen können. Wir fühlen uns schwach. Wir sind unsicher, haben Angst. In solchen Fällen sind wir froh, jemanden an unserer Seite zu haben, der uns verständnisvoll begleitet, uns stützt und stärkt.

Aufbrechen
trotz aller Bedenken
trotz aller Schwierigkeiten
trotz aller Barrieren
trotz aller Drohungen
trotz aller Gefahren

Trotz allem
unseren Weg gehen
miteinander planen
füreinander da sein
glauben, dass Neues
möglich wird

Meinen Weg suchen
jeden Tag von neuem
mit all meinen Möglichkeiten
trotz aller Schwierigkeiten

Meinen Weg akzeptieren
auch wenn andere es leichter haben
auch wenn es mich enorm fordert
auch wenn ich manches nicht verstehe

Meinen Weg gehen
auch wenn er steil und steinig ist
auch wenn Hindernisse es erschweren
auch wenn ich ganz alleine bin

Auf meinem Weg bleiben
trotz aller Versuchungen
mir selbst treu bleiben
so das Ziel erreichen

Mit wenig zufrieden sein

Maria und Josef suchten einen Ort, an dem sie sich ausruhen konnten, an dem das Kind zur Welt kommen konnte. Die Weihnachtsgeschichte erzählt, sie hätten in der Herberge keinen Platz gefunden und mit einer Futterkrippe zufrieden sein müssen.

Die Reklame stellt uns täglich vor Augen, was man alles haben muss, um dazu zu gehören. »Der junge Mensch von heute...« – »Sie wollen doch mitreden, dann...« – »Ich gönne mir das, weil ich es mir wert bin...«

Die Reklame wirkt. Schon kleine Kinder wissen ganz genau, was sie wollen. Sie identifizieren sich mit den in der Reklame auftretenden Personen. Sie wollen nicht zurückstehen, sondern dieselben Produkte haben wie ihre Freunde. Für Eltern ist es oft schwierig, mit diesen Wünschen oder gar Forderungen umzugehen. Bedürfnisse wecken ist eines; Bedürfnisse decken ein anderes. Wie stark Kinder von außen gelenkt sind, habe ich erfahren, als ich ein Patenkind fragte, was es sich zu Weihnachten wünsche. Die Antwort war klipp und klar: »Ich weiß es noch nicht, die Kataloge sind noch nicht gekommen.« Dies ist nicht nur ein Problem der Kinder.

Ich möchte lernen:

verzichten
obwohl ich nicht muss

teilen
ohne dass du bittest

helfen
wenn du es brauchst

genießen
was mir bleibt

Ich träume von einer Welt
in der Menschen
für ein Stück Brot danken
ein Glas Wasser genießen
aus der Stille schöpfen
und in Gesprächen wachsen

Ich träume von einer Welt
in der Gutes selbstverständlich
und Anerkennung alltäglich
in der Wohlwollen ermutigt
und Sein wichtiger ist als Haben

Wenn
wir mit viel wenig machen können
brauchen wir immer mehr
um genug zu haben

Wenn
wir mit wenig viel machen
brauchen wir immer weniger
um glücklich zu sein

Wenn uns ein Licht aufgeht

Die Weihnachtsgeschichte ist voll schöner Bilder. Wir sehen Hirten Nachtwache bei ihren Herden halten. Sie tun ihre Pflicht, sorgen für jene, die ihnen anvertraut sind. Ihr Ansehen ist gering, die Verantwortung groß. Mitten in der Nacht werden sie aufgeschreckt. Der Himmel wird aufgerissen und erhellt. Der Engel des Herrn erscheint und verkündet die Geburt des Retters ganz in ihrer Nähe. Und er fordert sie auf, aufzubrechen und das neugeborene Kind zu suchen.
Ein Bild, tausendfach gemalt, unzählige Male gespielt. Wichtig ist zu sehen, dass diese »große Freude« zu allen Zeiten neu jedem Menschen zuteil werden will.

Es geht ihm ein Licht auf

Vielleicht nehmen die anderen
gar nichts wahr:
Der Himmel wird nicht aufgerissen
kein Licht blendet
kein Gesang durchbricht die Stille
nichts beunruhigt
alles ist wie sonst

Vielleicht ist es nur
ein einziger Mensch
dem plötzlich ein Licht aufgeht
der Neues sieht
in sich eine Stimme hört
endlich versteht und weiß:
So kann es nicht bleiben

Er wird aufbrechen
zurücklassen, was ihn hemmt
verwirklichen, was er spürt
sein Leben neu gestalten
wirklich sein

Immer wieder gehen Sterne auf
die uns vom Leben erzählen
das uns zutiefst entspricht

Immer wieder erscheinen Engel
die uns den Weg weisen
der uns dem Ziel näher bringt

Immer wieder haben wir Träume
die uns auffordern und ahnen lassen
wie unser Leben auch sein könnte

Immer wieder begegnen uns Menschen

Einander Engel sein

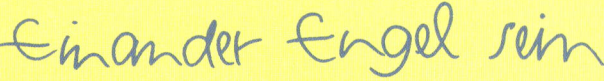

Viele Bilder zeigen weihnachtliche Szenen mit Engeln: Engel über dem Hirtenfeld, bei der Krippe, als Begleiter und Beschützer der jungen Familie. Wir sehen sie als weiße Gestalten mit Flügeln. Von Kind an haben viele es als tröstlich empfunden, dass sie einen Schutzengel haben, der für sie da ist. Bis heute sagt man, wenn jemand eine schwierige Situation glücklich überstanden hat: »Er hat einen guten Schutzengel gehabt.«

Engel sind Boten Gottes. Was können sie uns bedeuten? Achten wir darauf, was Engel in den biblischen Geschichten tun: Sie verkünden etwas Bedeutsames, sie begleiten, schützen, tragen Sorge, fordern auf, warnen, setzen Grenzen.

Wir können einander Engel sein – in der Weise, wie von einem Menschen gesagt wird: Er war ein Engel. Menschen, die das Beste für andere wollen; die – auch wenn sie vielleicht mit harter Wahrheit konfrontieren – neue Möglichkeiten zeigen; die fordern, wenn andere dazu neigen aufzugeben; die Kraft- und Mutlosen unter die Arme greifen; die in Frage stellen, wenn ihre Mitmenschen allzu unkritisch handeln.

Der Engel ist dir nahe
Er hat kein weißes Gewand
keine Flügel

Vielleicht begegnet er dir
im Zuhörer
der kritische Fragen stellt
im Nachbarn
der Zweifel anmeldet
im Kind
das deine Geduld strapaziert
im Behinderten
der dich um etwas bittet
in der Kollegin
die deinen Vorschlag ablehnt
in der Partnerin
die mit dir reden möchte
im Vorgesetzten
der deine Pläne durchkreuzt

Vielleicht begegnet er dir
in der Nacht
wenn du nicht schlafen kannst
in der Arbeit
wenn dir etwas nicht gelingt
in der Stimme
die dich auffordert:

Sei du selbst!

Ich möchte dir Engel sein
damit du wieder wagst
zu hören
zu spüren
zu sprechen

damit du wieder ganz sein kannst:
uneingeschränkt
offen und ehrlich
ganz
glücklich

Dem Stern folgen

Nicht nur die Hirten sind aufgebrochen, um das Kind in der Krippe zu sehen. Die Weihnachtsgeschichte erzählt auch von den Weisen aus dem Morgenland – den »Heiligen Drei Königen«, wie diese Sternkundigen meistens genannt werden (Matthäus 2, 1-12). Was mag sie bewogen haben, die beschwerliche Reise zu dem neugeborenen König der Juden, dessen Stern sie haben aufgehen sehen, auf sich zu nehmen? Es gibt Momente im Leben, in denen der Alltagstrott durchbrochen wird, in denen uns ein Stern aufgeht. Wir erleben etwas, das uns fasziniert, packt, nicht mehr loslässt. Es beschäftigt uns – und wir müssen uns damit beschäftigen. Wir teilen unsere Kräfte neu ein, verschieben die Gewichte, setzen Akzente neu. Wir sind überzeugt, etwas ganz Wesentlichem auf der Spur zu sein, sind magisch angezogen, müssen uns ihm stellen.
Was ist uns Stern? Was leitet uns? Es gibt viele Sternchen und Sterne. Es ist nicht einfach, sich richtig zu entscheiden. Immer wieder stellt sich die Frage, ob wir tatsächlich zu Wesentlichem geleitet oder zu etwas anderem verführt werden.
Es ist schwierig, zwischen Führung und Verführung zu unterscheiden. Es fordert viel, sich in dieser Welt der vielen Täuschungen nicht blenden zu lassen. Da kann es ein Trost sein, dass auch die Weisen aus dem Morgenland sich haben täuschen lassen. Selbstverständlich haben sie angenommen, der neue König müsse in einem Palast geboren worden sein. Sie haben den Stern aus den Augen verloren, hätten beinahe das Ziel verfehlt.

Unterwegs bleiben
dem Ziel entgegen
mit dem Glauben, der uns leitet
mit der Hoffnung, die uns stärkt
und der Liebe, die uns trägt

Unterwegs bleiben
trotz vieler Zweifel
trotz vieler Mühen
trotz vieler Widerstände

Unterwegs bleiben
dem Stern folgen
immer wieder still werden
und ehrfürchtig danken
für das Leben

Ich brauche Visionen
Sehnsüchte und Träume
die mir neues Leben verheißen

Ich brauche den Glauben
dass es mehr gibt
als ich zählen und messen kann

Ich brauche den Mut
ja zu sagen und aufzubrechen
obwohl mir die Sicherheit fehlt

Das Kind finden und ...

Es ist ein unwirtlicher Ort, an dem Jesus geboren wurde. Und doch strahlen viele Bilder eine unbeschreibliche Harmonie aus. Das friedliche Zusammensein von Tieren, Menschen und Engeln macht diesen Ort zu etwas ganz Besonderem. Himmel ist dort, wo alle ihren Platz finden.
Wir kennen das. Wenn wir ein schlafendes Baby betrachten, erleben wir einen Frieden, nach dem wir uns letztlich sehnen. Eugen Drewermann sagte in einer Weihnachtspredigt: »Und so können wir beginnen, noch einmal die Kinder zu sein, die wir niemals sein durften; das Leben beginnen, das wir in Wahrheit in uns tragen und das oft von so viel Not und Schmerz verschüttet ist.«

Kind sein dürfen

Suche das Kind
das du letztlich bist:

Höre
was es dir leise sagen

und sieh
was es dir scheu zeigen will

Gib ihm
was es braucht

und nimm an
was es dir geben möchte

Nimm dir Zeit
gib ihm Raum
lass es wachsen

Ich will still werden
und wage zu träumen
von glücklichen Menschen
fördernden Beziehungen
erfülltem Leben

Ich will still werden
und spüre tief in mir
ungeahnte Möglichkeiten
Wünsche und Bedürfnisse
die Freude am Leben

Ich will still werden
und lerne ja sagen
ja zu meinen Visionen
ja zu meinen Grenzen
ja zu meinem Weg

Ich will still werden
und Leben fördern:
das Feine wahrnehmen
das Zarte schützen
das Kleine wachsen lassen

Manchmal
wenn es um mich dunkel und kalt ist
wenn sich Dunkelheit und Kälte
auch in mir ausbreiten
wenn ich nicht mehr weiter weiß
wenn ich mich einsam
verlassen
ausgestoßen fühle

Manchmal
wenn ich das Gefühl habe
ganz daneben zu sein
keine Möglichkeit mehr zu haben
denke ich an die Hirten

Wenn ich annehme, was ist
mich wehre, wo Unrecht ist
mich einsetze, wo Not ist
meine Fähigkeiten einbringe
aber auch meine Schwächen anerkenne
dann geht vielleicht auch mir ein Licht auf
das mich ruft
mir den Weg zum Leben weist